20 TIPS PARA DEVS

MEJORA TU CARRERA DE DESARROLLADOR

VICENTE PLATA

20 Tips para devs

Edición Extendida

Vicente Plata - @xnt

Introducción

En diciembre de 2020, comencé a escribir una serie de hilos en Twitter que fueron bastante bien recibidos por algunos miembros de la comunidad tecnológica hispana. La idea original era expandir y transformarlo en contenido monetizable. Aunque tenía un temario relativamente extenso, no estaba convencido del mecanismo de entrega-distribución ideal. ¿eBook? ¿Curso? ¿Libro físico? Lo que sabía en ese momento era que publicar estos 20 hilos me daría una mejor idea del tipo y forma en que el contenido sería mejor recibido.

Otra parte del razonamiento fue que, independientemente del origen de los desarrolladores, existen un grupo de comportamientos, técnicas y comportamientos que, aunque son en su mayoría sentido común:

1. No es claro cómo aplicarlos, y/o,
2. Hay una cierta animadversión, tabú o inseguridad alrededor de éllos, y/o,
3. Falta hacerles ruido para generar confianza alrededor de los mismos

Sin embargo: a la mitad del proceso, comencé a observar patrones un poco destructivos en algunas personas que claramente deseaban crear contenido monetizable no como flujo alterno sino principal, en parte derivado de la presión que produce obtener atención en un mercado cada vez más saturado (creadores de contenido orientado a profesionales de TI).

Así que hice "roll-back" del plan original, enfocándome más a disfrutar el proceso, mensaje e interacciones. Aún experimentando con algunas variantes, analizándolas y actuando acorde... Pero fundamentalmente tirando la buena onda e intentando socializar y compartir ideas.

La retroalimentación fue bastante positiva. Varios amigos han sido insistentes en continuar trabajando en material monetizado, incluso si es un mero compendio de los hilos anteriores. Pero sí siento que, para minimizar la presión que se traduce en hacer estupideces públicas, 2 condiciones se deben cumplir:

1. La mayoría del material debe ser público
2. La mayoría de la gente debe tener acceso a él
3. La mayoría del revenue debe re-invertirse en la comunidad

La mayoría del material es público - El valor agregado viene de otros hilos más viejitos y menos populares, así como notas clarificando o ahondando en algunos conceptos y pequeñas actualizaciones.

La mayoría de la gente debe tener acceso - El precio es irrisoriamente accesible.

La mayoría del revenue debe re-invertirse en la comunidad - Dejando de lado costo operativo y a lo mejor un cafecito, mi ideal es reinvertir 75% o más de lo mucho o poco generado en apoyo a la comunidad. Becas, swag, concursos, ya iremos viendo. Y ser tan transparente como se pueda.

¡Que los disfrutes! Me encuentras en Twitter como @xnt . Y puedes ver otras formas de contactarme en https://vplata.dev . Quedo atento a tu retro.

Underpromise && Overdeliver

Corta alcances iniciales, tomando nota del resultado final ideal.

Multiplica tu estimado original x 1.5+.

Y luego esfuérzate al máximo para entregar más de lo acordado, en tiempo menor a lo prometido.

Para la gente confíe en ti:

Vas a necesitar varias iteraciones de la receta anterior.

Acércate a alguien que ya tenga reputación sólida en la org, para que apoye tus propuestas.

Con el tiempo, será más fácil convencer de que tus estimados y alcances son realistas.

Notas

Es bien frecuente, y hasta sano, sentir presión por entregar rápido. A veces hasta usamos estimados cortos como proceso competitivo (una perversión de prácticas otrora convenientes, como Póker Planning, tomando ventaja de que somos naturalmente competitivos).

Puede que no exista mucho problema con estar errado cuando vas empezando -en tu carrera o en el proyecto particular. Pero dar estimados incumplibles (o que sólo se pueden cumplir mediante comportamientos heroicos, como veremos posteriormente) daña tu reputación y la relación con tu equipo y stakeholders.

También posteriormente veremos la relación entre alcance y tiempo (y recursos). Por ahora, baste clarificar que un alcance más pequeño con mayor tiempo no se traduce en ser perezoso: sino en poner expectativas que puedes cumplir y exceder con facilidad.

No estás diciendo que solamente vas a hacer eso; pero es lo mínimo a lo que te comprometes y en virtud de lo cual otros colabores pueden planear.

No eres tu herramienta

Se vale especializarse y sentirse particularmente cómodo con algún lenguaje, producto, stack o framework. Pero sé cauto de no amarrar tu futuro (o identidad) a eso.

No confundas al escultor con el cincel.

Por cada historia tipo Cobol, hay cientos de tecnologías oscuras que no sobrevivieron la competencia o el hype, o cuyo mercado se saturó.

Prioriza resolver problemas de manera efectiva, en costos y en estabilidad.

La raza que renta mano de obra barata va a querer quién saque la talacha. Medirá tu experiencia específica con prioridad, y a veces de forma exclusiva.

Está bien para empezar, o para salir del apuro. Pero no te quedes atrapado ahí.

Notas

En Inglés, un "pet peeve" es una cosa pequeña que nos incomoda poquito. No lo suficiente para enojarnos, o para intentar cambiarlo activamente, pero genera aversión menor.

Uno de mis "pet peeves" son los reclutadores que se refieren a los devs por la tecnología que usan o buscan. "Busco 4 Javas para Guadalajara", "4 Reacts en Monterrey", "2 de maciza y 3 de buche, güero".

Esto no necesariamente se traduce a "evita especializarte". Mejor dicho: ve especializarse como resultado inherente de ser bueno resolviendo problemas, en un entorno que fomenta o facilita usar cierta herramienta.

Personalmente -trabajando ~6 años en Microsoft fue inevitable generar un cierto nivel de especialización en C# y .net en general, aún habiendo usado Java durante casi 10 años antes de eso. Pero ser consciente de que ésto era un efecto secundario del entorno, y no lo que me definía como desarrollador (era mi herramienta más desarrollada, pero no lo que me definía) permitió brincar con relativamente poco problema a RoR, React JS, y luego React Native + TypeScript. En los últimos meses hice Kotlin (ktor está padrísimo, échale un ojo), pgsql, algo de Java, JS, TS (con múltiples frameworks y plataformas)... En ningún momento categorizándome como herramienta.

Eres artista, no cincel.

Mide Tu Impacto

Busca formas de expresar tu trabajo en términos cuantitativos.

No siempre es posible "out of the box", pero a veces nos centramos tanto en el código y "sacar la chamba" que se nos olvida.

Algunas bases de las cuales partir:

- ¿Cuántas transacciones procesas?
- ¿Qué tanto mejoró el rendimiento?
- ¿Cómo va tu engagement?
- ¿Qué tal conversiones?
- ¿(A)RPU?
- ¿Qué tan más rápido/ligero hiciste el build?
- ¿Qué métricas claves estás moviendo?
- ¿Cuáles parámetros validarán tu experimento?
- NPS

Ventajas, entre otras:

- Te ayudan a ver si vas por buen camino. En cualquier momento el negocio puede pivotear suave y prestar más atención a otras cosas, pero es una base
- Para convos de performance y $$
- Tema de charla durante probes en entrevistas
- Sincroniza prioridades que te permiten presentar o ayudar a apoyar propuestas que se alinean con otros stakeholders
- Se ven bonitos en el resume

Así que, si no tienes los números a la mano, ¡acércate a quien los tenga!

Puede ser PM/PO, analytics, biz... Depende de tu org.

Es probable que no quieras/debas hacerlos *demasiado* públicos de forma inmediata. Sé discreto y profesional.

Usa tu sentido común. Pero obtenlos.

Va a ser un poco de hueva. Pero más te vas a arrepentir en unos años que no los tengas, y quieras mencionarlos en algún lado...

Notas

La naturaleza creativa del proceso de idear y escribir software hace que medir el proceso, como tal, sea difícil. Algunas situaciones particulares lo hacen viable, pero aún éstas son imperfectas. Hasta hace algunos años, usar SLOCs (básicamente, líneas de código) se consideraba "peor es nada". Y aún vas a encontrar algunos puristas que priorizan la cobertura de código mediante pruebas automatizadas incluso por encima de resultados de negocio.

El proceso y prácticas a la hora de crear código son importantes. Pero enfocarse en medir el proceso es más una variación -no siempre mal intencionada- del típico "cuando tienes un martillo, todos los problemas parecen un clavo". Cuando tu experiencia es, o sientes que es, fundamentalmente en el código, vas a intentar medir el código.

Dale la vuelta. Si no puedes medir lo que te gusta: ¿cómo puedes usar **el resultado** de eso que te gusta? ¿Cómo lo puedes usar para experimentar aproximaciones diferentes?

Una crítica bastante válida a la priorización de resultados medibles, es que dependiendo de la ventana de tiempo, con mucha frecuencia se terminan favoreciendo resultados a corto plazo a cambio de la acumulación insostenible de deuda técnica. Eso es tan cierto como que muchos desarrolladores huyen a cualquier indicio de deuda técnica. La deuda técnica, como la deuda económica en la vida real, debe ser vista como una herramienta para incrementar tu poder adquisitivo-competitivo y capitalizarte según tu estrategia (de negocio o financiera) personal.

El Equipo Va Primero

Llevo varios días clavado con Ted Lasso.

Me identifico con el suministro inagotable de dadjokes, coachear gente mucho más talentosa que yo, y tener un acento cagado.

Pero una de las cosas que dijo me llegó, sobre todo:

"Puede que te sientas uno en un millón. Puede que *seas* uno en un millón. Pero, durante los partidos, solo eres uno de once"

Matemáticamente decir "sólo 1/11" es incorrecto, claro. 1/11 > 1/1,000,000.

Pero el mensaje es claro.

Mira: es *bien* fácil que se te suba el ego en este gig. La mayoría fuimos nerdos antisociales, y de repente las máquinas te hacen caso. Los reclutadores te buscan todos los días. Haces buen dinero y te la llevas mayormente cachetona (comparado con otras disciplinas).

Trabajas remotamente (la mayoría), y por definición quizás vayas ejercitando la parte matemático-analítica de tu cerebro que te hace entender ideas que a otros nada más no les entran.

Eres excepcional.

Pero sigues siendo parte de un equipo.

Al final del día, las cosas que hayas logrado individualmente muy probablemente palidecen contra las relaciones que has forjado. La gente que has ayudado. Los amigos que has hecho.

Y la mejor manera de forjar buenas relaciones y tirar la buena onda, es con tu mismo equipo.

Son la gente que está más cerca de ti. Su impacto probablemente te ayude mas. Cuando brillan también te hacen brillar un poquito.

No todas las culturas organizacionales promueven esto. El Microsoft antiguo era notorio por su "stack ranking" y bell curve - https://shrm.org/resourcesandtools/hr-topics/compensation/pages/stack-ranking-microsoft.aspx

"Yo estuve ahí, Gandalf". Y sí estaba bien feo. Ahora, las organizaciones que lo promueven son una penosa minoría.

El pastel en tech no es de tamaño fijo ("zero-sum"). Se puede hacer más grande. Y el truco es encontrar maneras sanas de competir, colaborar y agrandar el pastel.

Mándale el centro al muchacho tímido. Motiva a participar a la chica que no dice nada. Regálale unos minutos al final del día al señor que no parece agarrar la onda.

Mentalízate a ayudar y empoderar a tu equipo y conocidos, por defecto.

Hay un límite. Y hay quien no sabrá jugar en equipo. Pero, contrario a lo que la paranoia cultural quizás te haga pensar: esas personas sí son excepcionales. Uno en un millón.

(Este consejo te doy, porque el ególatra inmamable del pasado soy).

Notas

El principal "trigger" de los hilos fue la franca preocupación por gente individualista, elitista o de otra manera emocionalmente inmadura para poder ponerse en los zapatos de alguien más a la hora de interactuar y comunicarse -así como el impacto que suelen tener en lo que otras personas consideran "aceptable" o "normal".

Por lo tanto, se sentía inevitable escribir al respecto.

Me causa algo de extrañeza que fue quizás el punto con menos engagement. Tal vez lo redacté pobremente (aunque es un tema que me llega al corazón). Tal vez el día o al ser el primer hilo más o menos largo. Pero siento un poco de tristeza.

En cualquier caso, como veremos más adelante: en vez de tomarlo como algo que desmotiva, prefiero interpretarlo como una tremenda oportunidad de mejora. En cómo se transmite el mensaje, sí, pero en asegurarse también de que el mensaje llegue a todos.

No le tengas miedo al $$

Algo curioso de la cultura latinoamericana (o al menos en la que crecí yo, y varios de mis conocidos), es la percepción de que hablar abiertamente de $$ es poco profesional.

En realidad es un juego de poder.

Es más fácil lanzarte una "low-ball", cuando no sabes que la estás recibiendo. O cuando estás fuera de contexto respecto a los tabuladores y parámetros.

Igual recuerdo que me daba pena hablar del tema, por miedo a quedar como estúpido.

Lo realmente estúpido es el miedo.

Rodéate de un grupo de personas con quienes te sientas profesionalmente cómodo, y toca el tema sin tabúes.

Entiende, claro, que hay rangos y tabuladores y formas de medir el impacto... Y no siempre vas a ser #1. Pero ayúdense a identificar si alguien está rezagado.

Esto es particularmente común cuando pasas mucho tiempo en un lugar ("loyalty tax"). @Glassdoor es una buena referencia.

También pierde el miedo a leer y aprender sobre inversiones (en vez de, o además de, ahorros), flujos alternativos de efectivo, riesgos y planeación financiera.

Cada país y situación es diferente. Busca a algún profesional que te pueda orientar y educar para tu caso particular.

No a tu amigo edgy que avienta 100% de su disposable income a $BTC, obvio.

Básicos como GICs, ETFs, MFs, REITs y otros instrumentos financieros son base.

Resetea tus parámetros de normalidad financiera.

No tienes que ahogarte en drogas, cigarros y alcohol cada fin de semana, aunque tu familia o amigos lo hagan.

Idealmente tienes márgenes financieros más amplios: piérdele miedo al dinero y úsalos efectivamente.

Notas

Sé que la cantidad de anglicismos a veces marea. Desafortunadamente, hay muchos conceptos e ideas que desconocía o no ejercitaba hasta después de migrar: cuestiones financieras siendo una de las categorías más amplias.

No creo que sea coincidencia. La barrera de entrada para invertir en instrumentos verdaderamente rentables en México es (o era) bastante alta, así que nunca me interesó -porque a penitas los últimos meses quizás tuve posibilidades económicas de hacerlo, de arranque.

Esta, creo, es otra expresión de inequidad que perpetúa brechas económicas y -mezclada con cuestiones culturales-, lleva a muchos de los problemas de pobreza, inseguridad, desconfianza, resentimiento, desesperación e ilegalidad en el país. Mi instinto me dice que lo mismo pasa en el resto de América Latina, pero no puedo asegurarlo.

Es dar y dar de ambos lados, claro. A veces dudo en publicar tabuladores de salarios estimados porque se entra en una discusión eterna de "por qué no es buena idea llegar pidiendo el máximo". O no falta raza que termina moviendo su estimado de pretensiones e intenta negociar ya que el proceso ha terminado, a pesar de que el número bajo el que se entrevistó y evaluó era otro.

También hay mucha gente que se desmotiva viendo a otros que -con o sin razón- tienen compensaciones considerablemente mayores. Pero, ¿qué tanto tiene que ver que no estamos acostumbrados a hablar sobre rangos, beneficios, y demás, de arranque?

La opacidad en compensación, aún en compañías que se dicen transparentes, permite otro tipo de inequidad: aquella donde personas menos productivas reciben retribución similar o superior a quienes de verdad contribuyen al negocio, por compadrazgos o relaciones de familia. Aunque en organizaciones privadas no hay nada ilegal, es otro mal que tenemos que tratar con seriedad. Es una expresión más de lo sesgada que se encuentra la balanza de poder, y cómo el miedo a hablar de dinero permite que dichos comportamientos persistan.

Mentorea

Con honestidad y humildad, identifica tus fortalezas y oportunidades (o necesidades) de mejora. No tienen que ser necesariamente técnicas.

De tus fortalezas, intenta ayudar a otra gente. ¡No menosprecies lo que sabes!

Va a haber raza cuidarranchos o insegura que te quiera hacer menos. O a lo mejor te ataca el síndrome de impostor.

Llévatela tranqui: escucha retro buena onda, y deja ir lo demás.

Sé de raza que cobra por platicar de temas específicos. No lo recomiendo. ¿Por qué?

En general, cobrar por algo incrementa accountability. Eso está padre. Pero obtener $$ de conversar te puede llevar a "comodizar" advice que otrora sería personalizado.

Optimizar la línea de producción en vez de disfrutar el momento, pues.

Esa es una excelente manera de incrementar tus márgenes.

Y una pésima manera de hacer networking.

Además de tirar la buena onda, los intercambios sin estructura sustituyen conversaciones vía serendipia.

Si es con audio y video, qué mejor. Agrega factor conversacional.

Entender algunas cosas (lo suficiente para explicarlos "en caliente"), y validar otros conceptos menos solidificados con ayuda de los demás, es como hacer crowdsourcing del aprendizaje de todos:

incluyendo el tuyo, como mentor.

Agregando a la lista de máximas contradictorias a la cultura en la que crecimos, o crecí:

No seas celoso de lo que sabes. Nadie te va a "robar" tus ideas o conocimientos.

La ejecución es la que cuenta -y es más fácil ejecutar cuando tienes un grupo confiable a quién consultar.

Notas

Creo que en este momento es donde comenzaba a darme cuenta de los efectos secundarios de monetizar cosas, como mentorías o potencialmente una versión extendida y aumentada de los "20 tips".

Mi capacidad para comunicarme, encender a otra gente, y las personas curadas que he conocido se han incrementado mucho desde que comencé a dedicar 20 minutos al día a mentorear o platicar con otras personas. Pero cobrar por ello daría pie a un aliciente a optimizar la línea de producción, minimizar el esfuerzo e incrementar la ganancia. Hacer las cosas más genéricas para que impliquen menor inversión de mi parte.

Eres lo que consumes

Cuida el origen, forma e intención de los contenidos (técnicos o no) que estás consumiendo. Eventualmente, terminarán impactando la manera en que te comunicas y cómo interactúas o eres percibido. ¿A qué me refiero?

En una disciplina donde, fundamentalmente, toca resolver problemas, lo último que quieres es crear más por tu comunicación o motivación.

¡He caído en esto varias veces! En estos 17 años, muchas veces he caído en loops de sassiness, ackshually-ness, y actitudes destructivas.

A veces para "dejar las cosas salir". A veces para llamar la atención. A veces al no poner atención o intencionalidad en mis actos. La raza que lo hace a propósito, a veces da risa. Todo fino. Pongámoslos en una lista de comediantes; estos son tips para devs ¯_(ツ)_/¯ .

Algunos red-flags que he identificado, y cuyo consumo quizás quieras limitar:

- Quote-RT para evidenciar gente
- Exceso de victimización
- Clara tendencia a polémica en vez de diálogo
- Menosprecio y segregación en virtud de género, geografía o nivel educativo
- https://en.wikipedia.org/wiki/Flogging_a_dead_horse ...
- Sobreuso de "jajaja" y otras onomatopeyas como fillers (no estoy tan seguro de ésta: es meramente observacional)

En contraste, algunas personas que mayormente construyen cosas cool y comencé a seguir en 2O2O, sin orden particular:

- @silvercorp
- @anncode
- @itsitz_

- @HectorIP
- @TheDojoMX
- @alexs_mx

- @bitforth
- @alejandrozepe
- @Chepe
- @martingranadosg
- @natsumiangello

- @alfrekjv
- @ferlelo
- @federicoantoni
- @carloscastrodev
- @omercadocoss
- @marianorenteria

Estoy seguro que se me están pasando varios. Además, hay mucha gente no-hispanohablante (o con quien convivía antes de 2020) que está haciendo cosas padrísimas pero no agregué a la lista anterior.

El catálogo de raza que crea cosas constructivas es enorme. Dado que tu tiempo y atención son limitadas, sugiero optimizar para lo útil, que te va a poner en mood bueno, productivo y propositivo. "Optimista definido/definitivo", dicen por ahí.

Notas

El concepto de "optimista definido" u "optimista definitivo" fue acuñado (o al menos lo leí por primera vez) por Petel Thiel en "Zero to One". Ciertamente Peter puede ser un personaje, uh... Divisivo. Pero el libro en particular tiene insights súper valiosos, incluyendo la división de mentalidades en 4:

- **Optimistas vs pesimistas**, según hacia dónde crees que va la sociedad
- **Definidos vs indefinidos**, dependiendo de qué tanto planeas influir en ese resultado

Entonces, el optimista definido es aquel que cree que las cosas pueden ser mejor, y está dispuesto a poner de su parte para que eso suceda.

El espectro radicalmente opuesto, de pesimista indefinido, piensa algo del orden de "todo se irá o está yendo al carajo, así que perdamos el tiempo y no intentemos cambiarlo". Ya te la sabes -gente, a veces de familias más o menos acomodadas, que se la pasan quejándose de todo y gritando tragedia a los cuatro vientos, pero vacacionando o no poniendo soluciones concretas y accionables. Influencers, quejumbrosos, raza burlona y que se sobre-victimiza, anda buscando a quién cancelar, etc.

La cantidad de personas que los sigue es francamente preocupante. Creo que a veces todos estamos cansados y preferimos divertirnos o perdernos, en lugar de involucrarnos activamente en mejorar nuestro entorno. Pero lo que consumimos y promovemos termina empeorando dicho entorno.

Me costó mucho trabajo hacer la lista de allá arriba. Y ya habiendo terminado me di cuenta que me faltaron muchas personas, obviamente, aún siendo selectivo en el sentido de gente que conocí o con quien profundicé relaciones en 2020, solamente. Pero creo que es un buen punto por dónde comenzar.

Escribe (Bien)

Elaborar documentación y reportes es muy útil en el mundo multidisciplinario, asíncrono y remoto que vivimos.

La idea de que sólo interactuarás con código y gente que sabe código, es meterte el pie solito.

Lo más probable es que seas, paralelamente, parte de varios equipos. Y respondas a varios stakeholders. Tu comunicación con ellos será escrita, no código.

Por lo tanto, escribir -de manera clara y legible- impactará directamente que tus contribuciones se perciban como valor.

Esto sumado a que, para hacer networking, lo que escribas (y cómo lo escribas) tendrá más impacto que casi cualquier contribución técnica que puedas hacer.

Gramática, puntuación, ortografía, y demás... Los chequeos básicos pueden ser automatizados: no hay pretexto.

No se trata, claro, de menospreciar las contribuciones técnicas.

Pero decir que "el código se auto documenta" como pretexto para escribir culero (o no escribir) es un ejemplo enciclopédico de "falsa dicotomía".

¿Cómo puedes mejorar tu escritura? Algunas ideas:

1. Posteriormente ahondaré más en **Open Source**. Por ahora, baste mencionar que casi todos los proyectos grandes tienen una serie de ejemplos o plantillas para reportar incidentes. Y documentación decente.
   ¡Échale un ojo a tu framework favorito!

2. **Ponte un objetivo**, y cúmplelo. Puede ser un tuit no-rándom al día, o un par de posts a la semana. Como todos los hábitos, el truco es que sean alcanzables, frecuentes y visibles.
   Si te da pena, apóyate en cuanta herramienta tengas a la mano para minimizar chance de error.

3. **Lee**. Dudé si poner esto, porque conozco a varias personas que leen mucho y escriben a nivel sub-óptimo. Pero voy a suponer que, de no leer tanto como lo hacen, escribirían peor.
   Pero lee con calma. Disfrútalo. Analiza el ritmo de la prosa, las figuras literarias, etcétera.

4. **Practica**. Otro tema que traigo en el horno (y me *encanta*) es Growth Mindset. Hasta entonces, destaquemos que nadie nace sabiendo escribir -literalmente-, pero es una de las habilidades más fáciles de ejercitar y llevar a un nivel aceptable.

5. **Prefiere párrafos y oraciones cortas**. Usa y abusa del punto y seguido, y el punto y aparte. En general, dividir ideas complejas en "chunks" más pequeños las hará más fáciles de procesar.
   Y, escribir ideas en "bursts" cortos las hará menos tediosas para ti, también.

6. **Relee y edita**. A lo mejor te toma 30 segundos leer y corregir una palabra. Qué flojera.
   Pero multiplica por quienes te lean, y el tiempo perdido de no entender lo que quieres comunicar. Tu flojera puede causar un caos.
   ¡Se lee más gracioso de lo que realmente es!

7. **Puntuación y acentos**. Hay varios chistes sobre cómo no usar comas puede causar malos entendidos. Algo similar pasa con acentos.
   Si usas teclados en inglés, no hay pretexto: Meta+Space generalmente cambia idioma. O dejar presionada la tecla abre un submenú en iOS y MacOS.

En entornos meramente sociales, creo que toca ser comprensivo hacia quien, por inseguridad, ignorancia o pereza, no escribe bien o no lo hace del todo.

Pero pueden traer algo de caos en lo profesional. Intenta ser generador de innovación y valor, no de caos.

Notas

Con excepciones destacables, pero la mayoría de la gente que he conocido en la industria tiene bastante habilidad para expresar sus pensamientos de manera escrita. En el contexto de asincronía y trabajo remoto -plus el sentimiento generalizado de que tener horarios estrictos es mala idea-, aunado a la relativamente alta rotación en la industria, es más importante que nunca escribir de forma legible y correcta.

Escribir bien va más allá de la ortografía (aunque es un componente importante). Tiene mucho que ver con la manera en la que ordenas y presentas tus ideas. Hay una serie de diferencias fundamentales entre cómo se escribe, y cómo se habla. La ausencia de herramientas como el tono, los gestos y la velocidad requieren que nos apoyemos en cosas como puntuación, formato e incluso emojis.

No se puede escribir como se habla, porque es caótico y confuso. Es poco recomendable hablar como se escribe: suena monótono y robotizado. Ambas son formas de comunicarse que comparten muchas características, pero deben ser tratados de forma diferente.

Open Source

A mucho dev joven le saca de onda leer sobre la debacle con Open Source de hace unos años. Igual hay raza viejita que no deja ir el conflicto. Es parte de su personalidad. Se ha vuelto un meme. ¿Qué pasó?

El mayor exponente del caos y manchadez son los Halloween documents - *https://en.wikipedia.org/wiki/Halloween_documents* ... .

Pero no se preocupen, amikos. Está bien vivir en el pasado (??).

A mí luego se me olvida que ya no es 2005, igual. Trago como, me desvelo, y me arrepiento al otro día.

Todavía hasta 2013, el proceso de aprobar libs OSS en @Microsoft era un calvario.

Divertidas experiencias de @grumpydevNET y su servidor (entre otros), tratando de convencer a la vieja guardia de que no era el commie boogey-man.

Aquí algunas ideas para aprovechar OSS:

1. **Colabora.** Crear y construir solito está fregón.
    Pero a veces nos gana el NIHS (Not Invented Here Syndrome) y queremos crear todo desde cero. Pregúntate si hay una lib que haga algo similar a lo que quieres hacer, y ayuda, en vez de iniciar algo por tu lado.

2. **Aprende a hacer PRs.** La parte técnica de crear PRs está tranqui. Feature branches, etc. Por ejemplo,

*https://freecodecamp.org/news/how-to-make-your-first-pull-reque
st-on-github-3/...*

Lo interesante es leer, entender y adoptar los acuerdos,
preferencias, estilos y condiciones.

Es una forma efectiva de analizar preferencias estéticas y
funcionales en código y flujos de otros equipos, para ver si alguna
aplica a tus proyectos (Open Source o no).

Toma los comentarios durante el review: ¿Cómo te hace sentir la
manera en que te dan retro?

3. **Ayuda a mejorar la documentación.** Ya que estás ahí, si se te
    ocurre alguna forma de hacer documentación más accesible o
    actualizada, es una buena oportunidad para mejorar tu escritura -
    (Revisa el tip no. 8).

4. **Checa tus licencias.** Existen algunas licencias que, bajo algunas
    condiciones, obligan que trabajos derivados o enlazados se abran,
    también. Esto tal vez no vaya bien con tu negocio. MIT, Apache y
    BSD suelen ser cool. Para otras, checa con tu asesor legal.

5. **Pero regresa el favor.** Si identificaste y arreglaste problemas
    comunes, o encontraste tiempo para incrementar estabilidad o
    confianza en el proyecto que usaste: ¡recuerda devolver el favor y
    crear un PR!
    Podemos hacer cosas mejores, en menos tiempo, gracias a gente
    como tú.

6. **Mantén dependencias actualizadas.** Un efecto secundario de
    adoptar dependencias open source (pero que puedes arreglar con
    algo de disciplina) es adquirir vulnerabilidades por dependencias
    que no actualizas, o que han sido abandonadas.
    Por ejemplo:
    https://www.wired.com/story/equifax-breach-no-excuse/

Si tu proyecto está en Github, no tires de loco al dependabot y similares.

Si haces algo con npm/yarn, mantente atento al audit.

En general, que algo sea "libre" no quiere decir que sea "gratis": toca mantenerlo bonito.

Casi siempre los updates se pueden automatizar.

Cuando no se pueda, toca meterle un poco de galleta. "Job security", o algo.

Aquí es donde una (buena) suite de pruebas automatizadas hacen la diferencia.

Más allá de la vanidad de "coverage" y procesos: orientado a algo pragmático. Confianza en tus cambios.

En resumen: Open Source es, sin duda, un neto positivo para la industria.

¡Trabaja en transformarlo en un neto positivo para tu carrera, también!

Networking, practicar, colaborar, aprender, facilitar la chamba y tirar la buena onda.

Todos ganamos cuando lo hacemos bien.

Notas

La utilidad del Open Source en sistemas (internos, incluso) de código cerrado solía ser un tema casi tabú en varios lugares. Esto ha cambiado mucho (para detalles en el caso de Microsoft, puedes escuchar https://www.youtube.com/watch?v=I8NBptYAIAY). Pero dista de lo ideal.

Sigo encontrando, con cierta frecuencia, personas u organizaciones enteras que descalifican integraciones con código abierto desde puntos de vista meramente dogmáticos. Aunque son un buen indicador para mantener distancia, a veces ejercen cierta influencia o promueven algunos patrones que a la larga dañan a la comunidad.

Una aproximación dogmática/retrógrada similar se ofrece desde el purismo copyleftezco -por gente que rara vez presenta lo que ha hecho, en cualquier caso. Igual de nocivo, si no es que peor, dado que parte de una especie de "moral high ground" tan tentador y llamativo para la raza.

Los tips de arriba dan una buena idea de cómo aprovechar Open Source a nivel personal, y ayudar a que el ecosistema abierto siga creciendo, sin sacrificar o poner en riesgo tu carrera o entregables. Adaptarlo a tu organización es algo que depende mas de tu nivel de influencia y la dinámica técnica y diplomática de la misma -pero creo que es un buen comienzo.

Mira Donde Nadie Ve

Está bien que te guste lo más moderno, brilloso y sexy. O lo que el resto de tu círculo de amigos usan o promueven.

Pero sugiero explotar y generar valor en lo que otros encuentran aburrido.

Dos ejemplos típicos: Shell Scripting y SQL.

No sé por qué la raza le huye a cosas de infra, y las cosas de infra generalmente involucran algo de shell (y docker, que también les da cosita).

Es una fortuna que tengamos popularizados roles de devops, y un subset de gente que no por nada hace buen $$.

Lo mismo con SQL:

‣ Me encantan los ORMs para hacer prototipos, pero topan pared

‣ Rara vez contemplan optimización de índices (que depende en parte del RDBMS)

‣ Puedes tener un impacto brutal con optimizaciones básicas, si le pierdes miedo a SQL

[alv SQL = SQuirtLe]

Una de las interacciones más curadas que recuerdo en @devzcommunity, fue un día que @_ebobby le echó la mano a un muchacho para tunear un grupo de queries en un sistema legado, acortando tiempos de ejecución por varios índices de magnitud.

31

¡Seguro se tradujo a bastante $$!

En general, a eso nos referimos cuando buscamos raza full-stack. No la especialización, pero la experiencia suficiente y falta de miedo.

Te van a decir que no existen. Pero sí existen.

Pero no vas a creer que existen si no los has visto (o te da envidia quien cobra como tal).

Así que, en vez de tener miedo y clavarte en un circlejerk de hype y memes: mira donde nadie está viendo. Aviéntate donde al resto le da cosa o asquito.

Identifica las tecnologías o áreas de oportunidad abandonadas, y capitaliza en ese abandono como oportunidad profesional.

Notas

Me da mucha alegría ver que, en los últimos meses, se ha popularizado la idea de dedicarse a "cosas aburridas". No soy tan fan de ponerse a pelear unos contra otros, pero supongo que es parte de la naturaleza tribal de los seres humanos.

Es una de las cosas que Thiel destaca en Zero to One (uno de mis libros favoritos): la capacidad para ver cosas de manera distinta, perspectivas que pocas personas comparten (en ese delta temporal, al menos) y explotarlas para beneficio propio y preferentemente de quienes te rodean.

Recuerda: aunque lo que produces tiene cierto valor intrínseco, también la percepción de valor importa muchísimo. Esta percepción es afectada, entre otras variables, por la escasez de tu skillset. Es una apuesta riesgosa en lo individual o como estrategia isolada (batallar para contratar gente que maneje tecnologías específicas, probablemente se traduzca en dejar de usar dicha tecnología), pero como metodología (aprendo y me aviento a lo que sea menos popular) puede ser bastante conveniente.

Pon al Jefe a Trabajar

Entre los muchos clichés en tech, destaca la percepción de absoluta ineptitud en middle management.

Resulta ofensiva la idea de que alguien te diga qué hacer y, peor aún, ¡cómo hacerlo!

¿Qué tal si le das la vuelta?

Al final, tu manager está especialmente posicionado (en socialización y jerarquía organizacional) para facilitar la comunicación con otros equipos.

Y su responsabilidad es rendir cuentas en varias direcciones. Hacia sus propios managers, hacia partners... Y hacia ti.

Escenario hipotético: estás en un equipo que consume datos de otro. Hay un endpoint de búsqueda, y se agregaran términos relacionados.

Lo más conveniente es que los términos vengan con los resultados de búsqueda, pero el partner team se enterca en que sea endpoint diferente. (Lo siento: estúpido perro presionó "Enviar" con la nariz)

La reacción de tu manager sería quedar bien con el otro equipo, a cambio de algo que suena sencillo.

Pero si presentas un caso fuerte de ahorro en transacciones, y el costo operativo es prioridad de tu manager...
Entonces casi seguro tu manager se convertirá en tu mejor aliado.

Esto es mucho más sencillo si conoces las prioridades y fortalezas de tu manager, o sus managers... Y los pones a trabajar para ti.

Como siempre, hay excepciones: gente que de verdad está perdida.

Pero, en mi experiencia, 9 de cada 10 veces es más que no entendemos o queremos entender al otro, solo porque parece tener una posición de autoridad – a cambio de responsabilidad mucho mayor. Y más chinga.

¿Cómo pones *tú* a trabajar a tus managers?

Notas

Seguro que has escuchado la frase de que "uno no renuncia a un mal empleo, sino a un mal manager". Esto es particularmente cierto en el entorno tan sesgado hacia el empleado donde nos desenvolvemos.

La realidad es que a veces toca preguntarse, con humildad, si el manager es el que estaba mal, o simplemente estás haciendo shopping de uno que se adecúe a tus expectativas.

Hace poco hablaba del tema en un podcast con un grupo de devs (privado, al parecer, o quizás dije muchas groserías ⬤). Y sugería hacerse las siguientes preguntas:

- ¿Qué tanto te comunicas proactivamente?
- ¿Está enterado de oportunidades en tu entorno? (Ejemplo: de-priorizaciones en otros equipos)
- ¿Cuáles son sus objetivos y motivaciones?
- ¿Lo haces parte de tu éxito?

Estas respuestas pueden ayudar a entender mejor a tu manager, cómo te puede apoyar, y cómo puedes regresar el favor. Haz que el flujo de "reportar" sea bidireccional, obvio entendiendo que en la jerarquía organizacional él tiene prioridad --como probablemente tú la tengas a la hora de la "acción".

Pet Projects

Hace poco estuvo rolando un meme que decía algo tipo:

"¿Por qué me pides ver pet projects? ¿A un cirujano le preguntas cuántas personas ha operado en el metro?"

Pues no. Pero tampoco eres cirujano, no mames.

Resultados extraordinarios requieren esfuerzo extraordinario.

También puede ser "suerte extraordinaria". Pero no puedes afectarla - toca jugar con las variables que controlas.

En este caso, tener pet projects o contribuir a proyectos por tu lado es la mejor manera de:
    1. Incrementar visibilidad
    2. Demostrar interés o habilidad en áreas que no se ven en tu CV
    3. Practicar fuera de la Godinancia

¿Hay alguna tecnología o área de negocio que te llame la atención? Echa a andar un pet project, o únete a alguno, y aprende en un ambiente controlado.

¿No tienes visibilidad u ownership en tu chamba porque estás subcontratado o de offshore?

¿Trabajas con tecnologías obsoletas y metodologías del año de Chabelo?

Tal vez no tenga el mismo impacto, pero ver un side gig o algo alterno dará un poco de confianza.

Parece chiste, pero es anécdota. Tengo un amigo bien fregón que se encuentra en esa situación: trabaja mediante una agencia de offshoring con un cliente en US, para un proyecto legado tanto en codebase como en las versiones del lenguaje y frameworks. Sin mencionar metodologías.

Yo sé que es un chingón, y que va a agarrar la onda de lo que le aventemos.

Pero algunos miembros del equipo encuentran preocupante la obsolescencia y falta de influencia en el producto (cuando te digan que "es lo mismo trabajar mediante agencia", considera eso).

Las 2 anteriores serían más fáciles con un pet project, o side gig, de perdida.

¿Cómo puedo encontrar tiempo para trabajar en pet projects?

Como todo: priorizando. Mentalízate a que vas a invertir tiempo para "ti mismo" (i.e. hacerte pendejo) en cosas para el ti del futuro.

Es mucho más difícil cuando tienes hijos, por ejemplo; pero no imposible. Los niños eventualmente se cansan.

El tiempo que usas en social media o Netflix, inviértelo en algo que te mueva.

Renuncia a la gratificación inmediata en pro de la retrasada.
Lectura recomendada: prueba del malvavisco
https://latimes.com/espanol/vidayestilo/la-es-en-un-mundo-de-gratificaci on-instantanea-la-prueba-del-malvavisco-revela-una-sorpresa-sobre-los-nino-20180626-story.html...

¿Cuánto tiempo aguantaron los niños de diversas generaciones antes de comer una golosina?

Encuentro los resultados muy optimistas para lo que veo todos los días, pero "dato mata relato".

De vuelta al tema...

La decisión de atascarte de dulces pequeños (hueva, fiesta, consumo) o aguantar y tener uno más grande, es respetable y personal.

Nada más no se vale poner cara de surprised pikachu y patalear o victimizarse cuando la probabilidad no esté de tu lado, y la suerte no te sonría.

Trabajar en pet projects es una buena forma de cubrir huecos en tu experiencia o CV.

O comenzar a incursionar en cosas diferentes a las que haces.

O suplementar deficiencias profesionales que están más allá de tu control.

A veces es cansado, y poco común en otras profesiones.

Amiguito programador: No, no eres un médico. Y eso es bueno: difícilmente enterrarás a tus errores.

Tampoco tienes que presentar ENARM, o revalidar en cada país o estado.

¡Complementar tu experiencia o enchular tu resume con pet projects es, comparativamente, una pequeñez!

Notas

Quiero aprovechar esta oportunidad para hacer double-down en el tema de agencias vs trabajar en un lugar, per sé.

Aunque no voy a tirar caca de agencias u offshoring -dado que he trabajado en varias-, sí es bien importante que consideres las diferencias entre ambas. En beyond.dev, lo ponen de la siguiente forma:

Maquila
■ Recibes tarea tras tarea o te asignan muchas de una lista (o backlog).
● Te sientes limitado a lo que te pidan y no te permiten aportar más a la empresa.
● No entiendes el porqué de algunas decisiones y no recibes contexto.
▲ Sacrificas calidad de tu trabajo por deadlines o cosas que urgen.
● No te sientes escuchado.
✖ Sientes que sólo ejecutas lo que te pidan.

Primera Clase
👆 Eres tomado en cuenta en la toma de decisiones
● Tienes la libertad de aportar, proponer y contribuir en cualquier área.
💪 Tienes oportunidad de tomar liderazgo
● Eres visto como un colaborador completamente capaz de tomar cualquier rol.
🔥 Tienes autonomía, voz y voto para decidir por tí mismo.

No siempre es un "todo o nada", claro. Puedes trabajar por fuera y marcar muchos de los checkboxes de "primera clase", o viceversa. Pero da la idea.

Supongamos que quieres cambiar de "maquila" a algo "primera clase". ¿Cómo demuestras que estás listo, si no has tenido oportunidad de tomar decisiones tecnológicas complejas? Un pet project exitoso puede ser una buena manera, que no necesariamente la única.

Esto además, claro está, de las habilidades técnicas que adquieres haciendo cosas por tu cuenta -y potencial monetización.

Recuerda tu STR

Una de las fuentes de frustración más comunes en devs, sobre todo cuando van empezando, son cambios en el proyecto.

Tiene que ver un poco con sobreanálisis. Un poco con apego. Y un poco con estrés.

¿Cómo minimizarlo?

Negociando y vendiendo cambios de tu lado.

Hay muchos libros buenos sobre persuasión, negociación y ventas. *https://goodreads.com/book/show/13593553-to-sell-is-human*... es un buen ejemplo, bastante digerible para arrancar.

Cuando un dev se me acerca preocupado por cambios, aplico esas técnicas con PM usando STR.

¿Qué es STR?

El triángulo que comprende:
- Scope (alcance)
- Tiempo
- Recursos

Cualquier persona de Product decente tiene esto tatuado en el cerebro y lo usa a la hora de pedirte un cambio (aunque no lo diga de inicio).

Veamos cada uno, y luego compartiré un caso reciente.

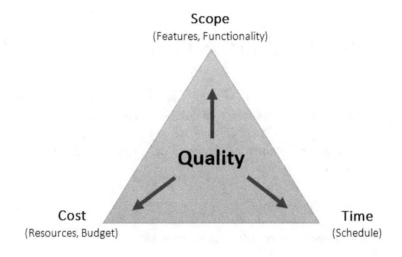

Scope
(Features, Functionality)

Quality

Cost
(Resources, Budget)

Time
(Schedule)

Scope (alcance): Básicamente es la spec o requerimientos. Cuando el scope cambia, no necesariamente se agregan cosas: también pueden ser cambios sensibles en los supuestos originales.

Respecto al apego a scope y sobreingeniería:
https://open.spotify.com/episode/5zAJZyZQ2BglUQclI0ojhD

Tiempo: qué tan rápido debes lanzar algo (duh). Puede ser un momento definido, o como función de otro acontecimiento (por ejemplo: máximo 3 días después de que un equipo cercano libere su parte).

Esta fue fácil, LOL.

Recursos: humanos, financieros o de cualquier tipo. Sé que hay raza que se ofende si se les llama "recursos": acepto retro de nomenclatura en este contexto. Un cambio en recursos puede significar menos gente, o con menos expertise, o menos $$, o ambientes, etc.

Cuando un elemento del STR se modifica, es importante que sepas negociar los otros 2. O delegar negociación a alguien más.

De lo contrario, comprometes (innecesariamente) la calidad de la entrega y moral del equipo, entre otros.

A veces no se va a poder. Casi siempre, sí.

Ahí va un ejemplo "1ØØ% real no feic":

El Viernes nos enteramos que un equipo vecino tenía que hacer unos cambios, por compliance, que nos obligaban a desplegar algunas alertas de nuestro lado bajo ciertas condiciones. El cambio per sé era simple, pero tocaba fibras sensibles.

Originalmente, tenía contemplados esos cambios para la primera semana de Enero. Pero la expectativa era tenerlos el Viernes mismo.

El ingeniero asignado me dio un tour rápido por las implicaciones y riesgos. Así que fui a negociar con PM.

El Scope era fijo, por compliance
- El Tiempo se había reducido de 2+ semanas (considerando holidays & freeze) a... 1 día

Mi PM (que es una chingona), me dijo que cuando mucho podía aplazarlo al Lunes, moviendo influencias con el equipo vecino.

Me quedaba la "R".
El deal fue:

Merge y deploy a staging el Viernes a finalizar el día (T)

Parte del Lunes para redistribuír 2 ingenieros a hacer regression testing súper detallado, monitorear telemetría y rollback de ser necesario (R).

Considerando que el 50% del equipo estaría en leave.

Me gustaría platicarles que fue un final feliz y todo salió sin fallas. ... ¿casi? Igual hubieron bugs. Pero mínimos. Y con mucho menos estrés y caos que si hubiésemos lanzado el mismo Viernes.

De eso se trata, al final: no de perfección, pero control de riesgos.

De los temas que tengo preparados, el que más me apasiona es precisamente growth mindset. Presiento que lo voy a dejar para el final.

Por ahora, recuerda: ten siempre tu STR en el "bati-cinturón" de herramientas a usar cuando las cosas se ponen incómodas.

Notas

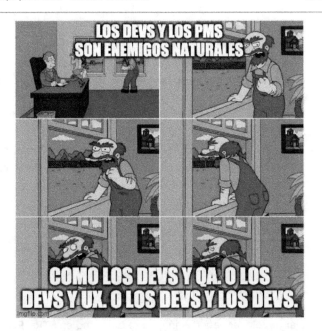

Imagínate que en vez de ser un agente de estrés y discordia, puedas entender lo que otras áreas o personas valoran y ayudarles a cumplir dichos objetivos, o estar tan cerca como sea posible. Bien utilizadas, las técnicas y notas de arriba deberían potencializar tu capacidad para entender a los demás y tomar decisiones que controlen riesgos al tiempo que incrementan el potencial de recompensa.

Riesgos a los que debes prestar atención:

- Scope creep (cuando el alcance de algo sigue un patrón de expansión -aún si sigue dentro de lo manejable, puede impactar moral)
- Riesgos de retención del equipo. Compensación, cambios en la industria, etc

45

- Errores en las estimaciones. En general sugiero evitar estimar. Hay un objetivo hacia el cual todos jalamos, con transparencia y liberaciones frecuentes que permiten analizar si toca cambiar rumbo. Pero a veces no hay de otra. Haz que las estimaciones duras sean una super excepción -cuando toca comprometerse, identifica a la brevedad si te estás desviando del camino y comunícalo
- Re-priorizaciones. Es inevitable que se descubran cosas anteriormente insospechadas y, como resultado, las prioridades cambien. Sé claro, o solicita claridad, en vez de apego. Y asegúrate de haber mostrado con frecuencia tu trabajo, y el de tu equipo, para que todos los stakeholders involucrados ayuden a encontrar formas de reutilizar tanto como se pueda -amén de dejar claro que no todo se va a tirar a la basura-

Acciones ante dichos riesgos:

- Negociar (o delegar negociación) de re-balanceo en STRs. Por ejemplo: si hay materialización de riesgo de retención del equipo, negocia alcance o cómo cubrir de manera emergente mediante alguien con mas expertise -dado que habrá impacto con el tiempo que requiera para hacer onboarding al proyecto-
- Seguimiento de estado más estricto y transparente. Por ejemplo: si se cristaliza un problema de error en estimación, ofrece o sugiere mayor detalle en tickets y su estado para que futuras re-estimaciones se aprecien con mayor tiempo, o se identifique si hay parte del alcance que se puede dejar de lado
- Retrospectivas, root cause analysis (i.e. post-mortems) y TILs/aprendizajes. Por ejemplo: si constantemente estás priorizando y depriorizando la experiencia móvil, una retrospectiva te puede ayudar a evidenciar el impacto que tiene en el equipo y, con suerte, mantener un rumbo más fijo o ser más holgados en cuanto a tiempos y/o necesidad de adoptar una tecnología o aproximación que no se vea tan afectado por lo anterior.

No dejes de entrevistar

Las entrevistas pueden ser frustrantes y cansadas. Hemos escrito y charlado varias veces al respecto. Por ejemplo: *https://twitter.com/xnt/status/1185406631514955776...*

Exponerte a situaciones así puede ser útil. Es como hacer ejercicio.

Mejor dicho: es mezclar ejercicio con investigación y networking.

Imagina que pudieras ir al gym, aprender de un libro fregón, y conocer gente interesante. Todo al mismo tiempo -y bien.

¿Cansado? Sí. ¿Curado? ¡Muchísimo!

Un profe de la prepa tenía una analogía interesante:

"Sean como el Kokún, que se la pasa entrenando para partirle la madre a todos. Y hasta después de muerto sigue entrenando y entrenando"
Yo... No creo que partirle la madre a todos sea cool. Es mejor abrirle las puertas a tantos como se pueda. Pero el espíritu es similar.

No soy fan de loops técnicos de algoritmia y estructuras: prefiero take-home o crear algo en corto.

Pero valoro entrevistar para lugares que sí: justo porque es una oportunidad de practicar algo donde soy particularmente maleta.

Como en ejercicio: no saltarse pierna.

Cuando estoy en entrevista, investigo tecnologías, patrones y rangos. Esto me ayuda a mejorar personalmente y traer ideas para mi equipo actual, también.

Las malas experiencias me ayudan a saber cómo *NO* tratar a mis candidatos.

"¿Estás bien? ¿Necesitas un descanso?"

Relacionado: networking. Mucha gente con la que todavía tengo contacto es raza que entrevisté o me entrevistó -a lo mejor no llegamos a un acuerdo, pero más derivado de situaciones particulares. Seguir en contacto es padrísimo. Sobre todo ahorita, con menos meetups físicos.

Existe la suposición errónea de que entrevistar en otro lugar es traicionar la confianza.

Personalmente, me gusta que mi equipo entreviste en otros lugares:
    1. Trae buenas ideas
    2. Nos ayuda a todos a crecer
    3. Es una oportunidad de identificar dónde mejorar de mi lado
    4. A veces simplemente hay mejores oportunidades en lo personal.
    Toca ser maduro y dejar ir

Sugiero buscar lugares donde te apoyen a ese nivel. Donde te brinden apoyo profesional, en vez de apego o codependencia.

Para encontrarlos, irónicamente: No dejes de entrevistar.

Notas

Aventurarse a procesos de entrevista sirve como polinización cultural, de compensación y de mejora al proceso de entrevistado mismo. Sugiero, claro, no ir por el mundo diciéndole a tu empleador que sueles entrevistar a otros lugares con frecuencia -sobre todo si no tienes suficiente leverage. Pero tampoco huir por lealtad o por el "qué dirán".

Estás conociendo gente, aprendiendo de procesos, preparándote y con suerte trayendo cosas de vuelta. Dándote una idea más clara de tu valor (o, mejor dicho, de la valuación de tus habilidades en entornos distintos).

El único riesgo que veo es derivado de tener muchos on-sites y qué tanto pueda impactar en tu rendimiento. Antes estaba padrísimo, porque cuando ibas a entrevistar podrías aprovechar para unas mini-vacaciones. Pero ahorita, donde casi todo es remoto, esa ventaja tristemente queda nulificada.

En cualquier caso, considero: midiendo tiempos, entrevistar continuamente es una super ventaja individual y a nivel equipo. Ten cuidado de lugares donde hacerlo bajo un marco de respeto, ética y profesionalismo sea mal visto. "Amigo/a, date cuenta".

Valor Exponencial

Uno de los patrones que veo con más frecuencia en personas profesional o financieramente felices, es entender y aprovechar el "compounding effect" (efecto compuesto).

No es precisamente como estamos acostumbrados a pensar.

Si observas la reacción a cosas como cuarentenas, evitar manejar ebrio, etc... El cliché es que "una no es ninguna". Pero la mejor forma de generar valor exponencial es dándole duro o aguantando todos los días, aunque sea un poquito, para aprovechar el efecto compuesto.

A su vez, esto genera condiciones mentales y ambientales que te permitan identificar y aprovechar oportunidades de crecimiento, valor o impacto exponencial.

¿A qué me refiero con "exponencial"?

Veamos 3 gráficas:

Broke: La mentalidad exacta de la talacha Godín es: "recibo una solicitud de trabajo, la hago bien, y a lo que sigue". Eso está bien.

Pero es lo que se espera de ti.

Si el esfuerzo fuera eje X, e impacto fuera Y, verías una línea normalizada a 45 grados.

f(i) = e+C

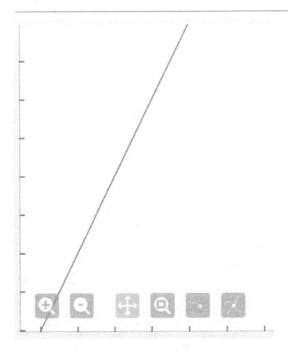

Woke: cuando tu esfuerzo va un poco a futuro y el valor se multiplica por tiempo _o_ recursos. Por ejemplo:

- Agregar pruebas para evitar regresiones
- Dar un brown bag para que todos puedan hacer algo similar
- Reformatear el entregable para que se pueda reutilizar

f(i) = e*C

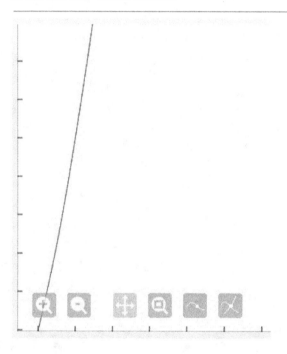

Bespoke: valor exponencial. Usar de recursos, situaciones _y_ tiempo como variables en el impacto de tu esfuerzo.

La mayoría de los momentos dignos de escenas "eureka" en la película de tu vida, serán encontrar estas situaciones.

f(i) = e*e*C ⌣ (kinda)

A escala, parteaguas históricos en tech son ejemplos de exponencialización de esfuerzo:
- Licenciamiento de DOS
- PageRank
- iPhone
- Y muchos otros

54

¿Por qué no todos nos transformamos en filósofos exclusivamente dedicados a encontrar estas oportunidades?

Matemáticas, hijo.

Decir que la última es **e*e*C** es una sobresimplificación.

Cuando e o C son pequeños, lo más probable es que i sea mayor con la primera fórmula.

Por eso es fútil y riesgoso pre-optimizar nomás por dogma o "mejores prácticas" - Pero luego, en la Godinancia, sí pecamos de hacer "lo que me dicen que haga" sin echarle un poco de coco e ir más allá.

Es un círculo vicioso: haces como que trabajas, hago como que te pago.

Mi sugerencia: ser el primero en romper el círculo, buscando valor exponencial...

... claro: siempre atento a que valga la pena, sea reconocido y apreciado como tal.

Si sientes que estás poniendo y creando impacto multiplicado o exponencial (a tu escala, claro), y esto no coincide con lo que cosechas: a lo mejor es que toca cambiar la tierra donde siembras.

Notas

Es interesante cómo, a casi un año de haber escrito algunos de estos puntos, las notas al margen de la pandemia han cobrado más importancia. Particularmente: quien quiere entender temas como crecimiento exponencial lo entiende con más facilidad porque lo está viviendo en su comunidad -para bien o para mal.

Y quien no quiere entenderlo, pues sigue enfrascado en una visión puramente lineal, en el mejor de los casos.

Irónicamente: a mayor encierro, hay más tiempo para leer. Y a mayor tiempo para leer, se incrementa la tendencia al dogma de mejores prácticas y "aproximaciones seguras".

No tienes que estar buscando oportunidades exponenciales 24/7. Es cansado. Los patrones y mejores prácticas te dan la oportunidad de descansar un rato, seguir lo que otras personas han hecho, y tener una certeza razonable (que nunca absoluta) de que las cosas van a salir bien.

Y tampoco hay nada de malo en vivir haciendo el esfuerzo necesario, sobre los caminos ya establecidos, para irla llevando esperando que no exista un evento de *Cisne Negro*" (leer: The Black Swan de Taleb).

Pero si quieres prepararte para dichos eventos, o lograr resultados extraordinarios, vale la pena ir afinando el colmillo para identificar estos "breaking points" que a simple vista son contra-intuitivos, desafían el sentido común... Pero abren las posibilidades como los ejemplos tecnológicos de arriba.

Retroalimentación

Ya hemos establecido que crear software hoy en día es un proceso altamente colaborativo.

Inevitablemente, cuando colaboras tanto y tan cerca con personas, encontrarás oportunidades de enseñar y aprender.

Intentar comunicar enseñanzas, percepciones e impresiones requiere algunas sutilezas.

Sí, ya sé que luego la gente mama a Dr. House y los tuiteros más snarky.

Está padre para el cotorreo, pero es odiosito a la hora de trabajar (así era yo, pues, y así hemos sido TO-DOS).

Una fórmula que aprendí en un taller hace un par de meses, se basa en la idea de comuniciación no-violenta.

A la hora de dar retro negativa, considera un patrón similar al siguiente:

** "Cuando ${x}, siento que ${y} porque ${z}" **

¿Qué significan x, y && z?

* x = lo que la otra persona hace
* y = cómo te hace sentir
* z = el resultado de lo que hace

Mal: "wey métele pruebas a tu código, no mames, ya rompiste el build otra vez"

Ok: "procura meter más pruebas a tu código, para tener más confianza en los PRs"

Ideal:

> ➢ x = código sin pruebas
> ➢ y = le vale madre
> ➢ z = perder tiempo de todos

"Vicente: cuando {avientas código sin pruebas}, siento {que mi tiempo no te importa} porque {generalmente tengo que revisar con excesivo detalle tu PR y el estado del build}" Qué diferencia, ¿verdad?

Desde luego, elaborar retro así requiere práctica y, a veces, tiempo.

Aprovechemos, entonces, que mucha de nuestra comunicación es asíncrona (y rara vez hay que dar retro al momento) para pulir y practicar, hasta que salga casi natural.

Claro: por más que lo intentes, van a haber días, momentos o personas con quienes se te dificulte ser sutil.

Sigue intentando. Y no permitas que eso se convierta en tu personalidad –repítete: son situaciones excepcionales.

El "tú" de base tiene más compasión y profesionalismo.

Tus errores no te definen, salvo que sean recurrentes o gigantes.

Dicho de otra forma:
"Cuando permites que tus errores te definan y se hagan parte de ti, siento que nos quitas a alguien valioso, porque nunca sabes cuándo terminaremos colaborando contigo".

Notas

Alguna vez escuché a una amiga que admiro mucho decir algo tipo: "Si la retro que vas a dar se corrige en 15 minutos, hazla. De lo contrario, quizás quédatela."

Me marcó, aunque la he adaptado un poquito:
- Si la crítica se puede corregir en 15 minutos, hazla. Puede ser de forma síncrona. Procura que sea privado.
- Si la crítica **no** se puede corregir en 15 minutos, *tal vez* hazla. Pero **piénsalo** bien, escríbelo **asíncrono**, y sin importar nada: que **SIEMPRE** sea privada.

Otra retro que recibí al respecto fue: en vez de apuntar al comportamiento negativo que tiene efectos negativos, poner como ejemplo un comportamiento positivo inverso que tendría efectos positivos.

"Cuando no documentas tu código, es difícil entender" → "Si documentas tu código, lo entenderemos más fácilmente". No estoy seguro de que sea aplicable a todas las situaciones, pero sí suena como una forma mucho mas pacífica y empática de dar feedback.

Todas las técnicas anteriores pueden ser un poco difíciles si dejas que el calor del momento se lleve lo mejor de ti. Es normal, parte de tu proceso de aprendizaje y mejora.

Tómalo también como retroalimentación :) .

Evita Actos Heroicos

(TIL que no lleva tilde -
*https://buscapalabra.com/como-se-escribe.html?palabra=her%C3%B3ic
o...*)

Anteriormente platicamos de seguir entrevistando y cómo muchos
lugares te van a batear, de todos modos.

Uno de los equipos que alguna vez me batearon fue el de Gears.
Cuando le platiqué a un compañero mucho más senior, su respuesta fue
del orden de "wey, ahí hay puro cowboy y héroe".

Yo no estaba seguro de qué había de malo con ser héroe. Al final, a todos
nos apasiona este show. Y muchos empezamos con la idea de hacer
videojuegos.

Otro tema que tocamos en el mismo thread fue la oportunidad de hacer
networking durante las entrevistas. Y de ese loop particular hice muchas
amistades bien padres.

Por ejemplo, uno de ellos me invitó a jugar con un McLaren. No el auto,
sino el teléfono -

Dato al margen: una diferencia entre el 3D touch del McLaren y el de
Apple, es que el McLaren detectaba desde *antes* de que tocaras la
pantalla. Estaba muy fresa, pero algo buggy. No sé hasta que punto se
hubiera podido arreglar antes de mass-prod.

En fin, de vuelta al punto:

2 de mis contactos en particular terminaron hechos POMADA después del lanzamiento de GoW 4. Se metían unas chingas bárbaras.

Fueron héroes... Y uno de ellos fue recortado poco tiempo después.

No quiero caer en el cinismo de "no te claves en la chamba porque te van a correr" - como ya hemos platicado, la actitud de "chingas o te chingo" o "hago cosas a medias" no beneficia a nadie.

Pero el heroísmo tampoco (PS - ese sí lleva acento).

Hay 2 cosas que pueden pasar si te las das de héroe:

1. Generar dependencia excesiva. Primero es nice, te hace sentir importante; pero después, cuando te enfermas o tienes problemas personales o caes en el burn-out, te conviertes en un foco rojo.

Que las cosas no funcionen si tú no estás es preocupante, y habla bastante mal de ti.

Hay que tomarse tiempo de documentar y habilitar a los demás

2. Que promuevas patrones o expectativas que no son saludables ni sostenibles a mediano plazo. Esto es sobre todo preocupante conforme incrementas tu seniority. La gente te ve como ejemplo cultural, además de técnico.¿Qué ejemplo estás dando?

Es bien difícil definir universalmente la línea entre "echarle ganas" y "jugarle al héroe". Hay que intentar respetar los estilos y horarios de trabajo de todo el equipo. Desde una perspectiva más reactiva, toca preguntarse:
- a. ¿Qué tanto dependes de una persona en especial?
- b. ¿Hay personas específicas de quienes no puedes prescindir un par de días?

c. ¿Hay personas o equipos que frecuentemente se notan cansados y desmotivados? ¿Que aparentan ciclos particularmente agresivos de productividad-cansancio?
d. O peor aún... ¿Eres una de esas personas?

Tal vez lo haces o hacen con toda la pasión, intensidad y buena onda del mundo. Lo aplaudo.

Pero, en este caso, es importante validar que la pasión no resulte contraproducente. Los héroes y cowboys son el equivalente organizacional a un "code smell". Como cuando hueles gas:

No es que algo esté necesariamente mal. A lo mejor es algo que se echó a perder. O que el cambio de croquetas no le cayó bien a tu perro.

Pero existe una nada latente probabilidad de que haya algo raro y peligroso. Merece revisar 3 veces y, tal vez, tomar medidas preventivas.

TLDR - Identifica y evita actitudes heroicas constantes, sobre todo tuyas. Expresa lo riesgosas que son para el negocio y equipo. Haz saber sobredependencia durante las retros (si no tienes retros, empuja porque hayan y se tomen en serio). O escala, de ser necesario.

Notas

La onda de evitar actos de heroísmo va estrechamente relacionada con el punto del "STR", que hablamos más arriba, y manejar a tu manager, que también tocamos anteriormente.

Es decir: si logras conocerte, identificar y aprender tus patrones de cansancio más los de tu equipo, puedes intentar manipular alcance /

tiempo / recursos para generar patrones de trabajo que sean sostenibles para todos -incluyendo el negocio.

Pero esto va a llevar tiempo, y requiere una cantidad considerable de contexto y conocimiento organizacional. Para tomar un "atajo", y escalar de manera sencilla, puedes o deberías sentirte libre de apoyarte en tu manager.

Es bien fácil apuntar al burnout como el resultado del *"voraz capitalismo™"* y utilizar victimización para generar simpatía. Lo difícil, pero realmente admirable, es identificar las situaciones que generan este burnout.

Siempre existe la posibilidad de que alguien esté mordiendo más de lo que puede comer: modelos de negocio insostenibles, prácticas naturalmente explotadoras, o ineptitud en algún punto clave del proceso productivo. La realidad, generalmente, es complicada y está compuesta de varios factores que, juntos, parecen invencibles. Pero analizados y cortados en cachitos nos ayudan a hacer las cosas manejables -o de jodido, identificar y aprender de ellas.

Low-Hanging Fruits

Las low-hanging fruits son cosas técnicamente simples, y quizás hasta aburridas, que afectan positivamente el rendimiento o percepción de tu sistema.

Encontrar y arreglar *LHFs* es una buena manera de:

1. Forjar buenas relaciones con otros stakeholders, que están siendo ignorados o impactados
2. Crear caminos de onboarding para nuevos integrantes del equipo: con un backlog o "grab bag" de LHFs que puedes usar para dar un tour del codebase
3. Tiempos muertos o inciertos Ejemplos de "3" incluyen:

- Pre paternity/maternity leave. Contrario a lo que a veces se cree, los niños suelen nacer cuando les da la gana. Incluso cuando agendes cesárea (aunque es menos común). Tener una bolsita de cosas tranquilas permite que en cualquier momento se pausen.

- Cuando alguien se está cambiando o dejando el equipo. Generalmente se espera que prepare documentación y deje todo bonito: en paralelo, puede trabajar en las LHFs para no sentirse oxidado o aburrido

¿Cómo encuentro LHFs?

1. nits que salieron durante code reviews
2. Arreglar tests rotos. "Nosotros nunca comentamos los tests rotos". Seguro...
3. Performance, real o percibida. Lazy-loading, pre-carga de plantillas, etc.

Lo más importante: escuchando a usuarios y partners.

A veces hablamos y escribimos un chingo. Lee y escucha.

- Si un equipo cercano se siente abandonado o ignorado, intenta automatizar reportes que sean relevantes.
- Si un stakeholder de negocio tiene dudas de robustez, trabaja en monitoreo y observabilidad con visibilidad de su lado.
- ¿Cuál es ese bug latoso que tiene harto a QA?

Pequeños cambios pueden tener efectos profundos cuando escuchas a los demás, y actúas en consecuencia.

Si identificas, registras y actúas sobre eso, aprenderás más del codebase y generarás buenas relaciones con los demás.

¡Atiende la fruta bajita antes de que caiga y se pudra!

Notas

"Crea un ticket". Seguro has escuchado esto y te has pensado: no tiene sentido crear un ticket de algo que todo el equipo conoce.

El detalle radica en que no lo estás creando para el equipo de hoy. Lo estás creando para el equipo de mañana -del cual puedes o no formar parte. Crear una bolsita de incidentes pequeños, latosos y rápidos de arreglar no implica exclusivamente echarte la culpa de que algo esté roto (más sobre growth mindset abajo), pero ver las cosas como arreglables y mejorables.

Es ponerle un centro a-priori a un compañero, o tal vez a ti mismo, para que meta un buen gol. Protegerte ante situaciones que están fuera de tu control. Identificar la deuda técnica que vas adquiriendo para justificar con facilidad la creación de sprints orientados a estabilizar. Entre otras ventajas potenciales.

He visto varios bots que cierran bugs automáticamente después de un rato de estar activos. Aunque entiendo el punto de intentar mantener boards limpios, sí me da la impresión de que es más por la "imagen" que por otra cosa. Aunque es un buen motivador para atajar incidentes a la brevedad, también puede generar un sentimiento de "para qué lo creo", quitar visibilidad del estado real del proyecto, y la verdad ser un poquito falso. Eso nunca es bueno.

Parte y Comparte

Es natural sentir un poco de recelo ante la proliferación de gente que hace lo mismo que tú.

Pero, contrario a otros giros, el $$ en tech no es inversamente proporcional a la cantidad de raza: el pastel crece fácilmente.

La mejor forma de que el pastel siga creciendo es con creaciones de calidad e innovadoras. Sobre todo, con muchísimo sentido colaborativo y ético. ¿Por qué? Porque hay mucha gente, incluso en tech, cuyos intereses -legítimos o imaginarios- son contrarios a expansión tecnológica.

Saben, o creen a veces, que digitalizar servicios y procesos puede impactarlos negativamente.

Siempre habrán criadores de caballos vs automóviles. Taxistas que no son fans de ridesharing. Hoteles vs AirBnbs.

Lo triste es que a veces tienen razón, y tech mete la pata.

A veces las metidas de pata son simples cálculos erróneos. Muchas veces son conflictos éticos legítimos.

Y una buena manera de motivar a la gente a hacer lo éticamente correcto, es hacerlos sentir bienvenidos y apoyados. Demostrarles que hay chingos de oportunidades.

Que difícilmente alguien va a "arruinar su carrera" por hacer lo correcto. Que el pastel sigue creciendo, y si tu rebanada se echa a perder, es cosa de partir otra.

Mucha de nuestra educación va orientada a obtener y cuidar tu rebanada de pastel, como cachorrito con hueso nuevo.

Como tal, pensar en compartir el pastel va a requerir cambios que aparentemente van en contra al sentido común.

Por ejemplo: me hace muy feliz ver que raza copia lo que hago (o hacemos en @devzcommunity). En parte porque no cobro/cobramos. Pero mayormente porque valida ideas.

No estoy siendo sarcástico. De verdad creo que delegar la validación de chamba y destilar aprendizajes comunales es mucho mas barato que hacerlo individualmente. Sí siento raro cuando raza cobra por eso. Pero deseo que les vaya bien (y que tengan calidad suficiente para cobrar).

Intenta hacer ruido a gente que hace cosas buenas, aunque no sean "santos de mutua devoción", cuando el impacto es más grande que el beef personal. También recuerda que empresas e individuos son independientes. En lo posible, busca lugares donde estés alineado con la misión; pero no pierdas de vista que las culturas cambian, así como tus prioridades, y los lugares (grandes, sobre todo) son un collage de culturas y prioridades. Inserte chiste sobre CSS, align y flex. Una de las razones por las que vale la pena experimentar en lugares grandes.

Sobresimplificar lugares de trabajo es igual de inocente que sobresimplificar sistemas. Conforme ambos crecen, se transforman en maquinarias complicadas y no muy precisas, que digamos.

Son una máquina de Goldberg multidimensional, pues. Con mucha raza buena onda adentro.

- Lee cada mensaje poniendo una carita feliz al final

- Supón buena onda salvo demostraciones frecuentes de lo contrario. - Busca cómo alinearte con gente, en vez de cómo antagonizar. - Antes de indigestarte con tu pastel, pregúntate: ¿cómo podemos hacerlo más grande, juntos?

Notas

Unas semanas después de que escribí estos hilos, comencé a leer sobre la idea de "juegos infinitos".

La mejor forma que he encontrado para explicar la diferencia entre juegos finitos e infinitos es hablar en términos de partidos de fútbol.

Un juego finito es como el típico partido de "liguilla", o playoffs:
- El juego tiene una duración fija (salvo tiempo extra y similares)
- Lo más importante es el marcador
- Las reglas no cambian
- Si te sales, estás fuera
- La mente está concentrada en ganar
- No pueden haber 2 ganadores (salvo situaciones matemáticas complejas, y aún así, hay perdedores de otro lado)

Un juego infinito se parece más a la "cascarita" o el "partido llanero":
- Puede durar horas
- "Gol gana"
- Es por diversión
- Las reglas pueden cambiar para hacer todo más divertido
- Puedes ir por un break a tu casa
- Ganan todos al hacer ejercicio y pasar un buen rato

Algunas cosas son, naturalmente, juegos finitos. Pero en tecnología rara vez es el caso. Ojalá pronto usemos la idea de juegos infinitos, o buscar crecer el pastel en vez de atascarse del que hay, como default.

"Le aplaudo a los demás mientras brillan. Les ayudo a brillar. Llegará mi momento."

Growth Mindset

Si tuviera que elegir una cosa, exclusivamente, con la que me gustaría que la raza se quedara, sería adoptar growth mindset en la medida de lo posible.

¿Qué es?

Es una colección de suposiciones, métodos y comportamientos originalmente acotados por Carol Dweck ~2006: https://goodreads.com/book/show/34403537-mindset... .

Vamos a simplificarlo un poquito y adaptarlo a desarrollo de software, y relacionadas.

De la familia y escuela, tenemos arraigadas cosas como:

• Credencialismo
• Pensar en absolutos
• "Así soy"
• Errores = límites
• Buscar culpables
• Opiniones fuertes
• Fake it 'till you make it

Apuntamos nuestros esfuerzos a ser impecables sabelotodos

Como nuestra autopercepción deriva de lo que ya sabemos...

...conforme avanzamos, tenemos más miedo al cambio. Nos convertimos en defensores de la tradición, el status quo, el "así ha sido siempre".

Hay valor en la estabilidad y predictabilidad, claro. Pero toca aceptar cuando tenemos más un sesgo ("job security") que búsqueda de valor.

Vamos a darle un poquito la vuelta.

En vez de "sabelotodo", intentemos ser "aprendelotodo".

Reconozcamos que las habilidades pueden ser obtenidas y mejoradas.

Que los retos no son para ridiculizar nuestra falta de habilidades, sino para identificar y ejercitar áreas de mejora.
El esfuerzo no es algo que ponemos por "no ser buenos": lo reconocemos como esencial para refinar el conocimiento.

Aceptamos y aprendemos del feedback, en vez de tomarlo personal.

Y cuando la cagamos, nos enfocamos en destilar enseñanzas y mecanismos de alerta: no en culpar.

Aplicar growth mindset es algo que tomo muy en serio en mis equipos e interacciones. Para tal fin, uso 3 pilares estratégicos:

1. Feedback temprano, frecuente y accionable
2. Medir lo que sea medible
3. Retros productivas

Feedback Temprano:

1. Deployments frecuentes. Accelerate es un buen recurso para identificar riesgos y ventajas.
https://goodreads.com/en/book/show/35747076-accelerate...

   Todo PR aprobado debería estar listo para lanzarse a staging. Si hay dependencias externas, métele feature flags, pero lánzalo.

2. Canales beta/canarios que se brincan sprints.

   Convierte a tus usuarios más confiables en beta testers que te ayuden a identificar errores antes de lanzar a producción (o de que los vea QA). Con su permiso, claro.

Aviéntale más telemetría y mantén comunicación.

Feedback Frecuente

1. Mecanismos de retroalimentación in-app. Shake-to-report en móviles o botones de feedback en la web app.
2. Experimentos, a/b tests y feature flags.
3. Transforma retro y bugs en juegos (no sé cómo traducir "gamify").

Mide lo Medible

1. Registra todos los errores (quitando PII obviamente)
2. Actúa en todos los crashes. Aunque sea para rankear
3. Stability → Accountability. Un sistema no estable o no confiable no es un sistema, es un experimento

Sé transparente. Comunícate. Crea RCAs.

Agradece, abraza y aprovecha incidentes. No que tengas que estar orgulloso: pero suelen ser la oportunidad más clara de mejora. Si algo (de vez en cuando) se rompe, es obvio que toca invertirle más tiempo o $$. Justificar invertir en deuda o estabilidad técnica va a ser sencillo.

Eso sí: toca ser humilde, atento y comprometido. Fallar o cometer un error no evidencía tus límites absolutos, o los de tu equipo, pero los que tienen en ese momento. Todo incidente productivo debe tener un RCA o post-mórtem, incluyendo cómo evitar reincidencias.

Retros Productivas
1. Minimiza rants
2. Documenta todo
3. Crea y revisa action items de retros pasadas. Siempre.

Para quejarnos y rantear sin estructura hay canales, o llamadas. Las retros deben tener objetivos y acciones resultantes claras, que nos debemos tomar en serio.

Una manera sencilla, pero no infalible, de promover growth mindset es con el sufijo "aún/todavía" (yet).

- Papá, no puedo pasar el nivel!
- Todavía!

Este rollo NO es perfecto o absoluto. Luego me encuentro en súper fixed mindset en algunos temas. Por eso es cool tener quién te haga check.

Gente que te haga ver cuando te estás "enclochando" o te mantenga fuera del "kool-aid".

"Pero, ¿no es signo de debilidad constantemente poner en duda lo que crees?"

Al contrario. Se requiere fuerza, confianza y seguridad para animarse a ser un noob y reaprender a cada rato.

Una de mis frases favoritas de @satyanadella, en alguna ocasión que hablaba del tema:

"Nuestra industria no respeta tradición; sólo respeta innovación".

No es fácil reinventarse a cada rato. Pero es mejor que quedarse obsoleto.

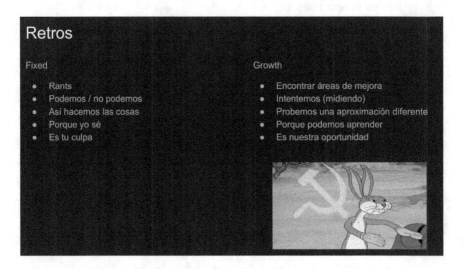

Notas Finales

Gracias por el esfuerzo de adquirir este booklet, y por tu tiempo al leerlo. Los puntos arriba mencionados, así como las notas, distan de ser perfectos. Porque yo también disto de serlo.

Lo que sí quiero que sepas es que los escribo con la mejor de las intenciones, esperando que te resulten útiles. Que podamos abrir una conversación más transparente, honesta y vulnerable sobre lo que significa estar en nuestra industria, aprender, compartir y desafiar ideas desde una base respetuosa, orientada a crecimiento mutuo y a tirar buena onda.

Tu retro es super importante. Quedo atento via twitter (@xnt) o cualquier red similar. Visita https://mis.fans/xnt para ver mas formas de conectar.